Der Arena LeseStier
Sachgeschichten für Erstleser

Ulrike Gerold und Wolfram Hänel

wurden beide 1956 geboren, haben beide Germanistik studiert und später viele Jahre lang im Theater gearbeitet. Heute leben sie mit ihrer Tochter meistens in Hannover und manchmal in Kilnarovanagh, einem kleinen Dorf in Irland, und schreiben Theaterstücke, Kinderbücher und Reiseberichte.

Wir bedanken uns bei Jürgen Walkstein vom Institut für Lehrerfortbildung, Hamburg, und bei Reimer Dohrn von der Arbeitsgruppe "Hafen - Dritte Welt" für Informationen und Auskünfte.

Die Arbeitsgruppe bietet spezielle Hafenrundfahrten für Erwachsene und Schüler ab der neunten Klasse an, Tel. 040/39 30 01. Alternative Hafenrundfahrten für Kinder sind möglich über das W3-Bildungswerk, Tel. 040/3 90 33 65.

Peter Nieländer

geboren 1969, studierte Grafik-Design an der Fachhochschule Münster. Seit fünf Jahren arbeitet er als Illustrator für verschiedene Verlage und Werbeagenturen. Sein Sohn heißt Paul und sieht aus wie ein kleiner Seemann.

Ulrike Gerold / Wolfram Hänel

Das will ich wissen
Der Hafen

Mit Bildern von
Peter Nieländer

Arena

In neuer Rechtschreibung

1. Auflage 1999
© 1999 by Arena Verlag GmbH, Würzburg
Alle Rechte vorbehalten
Einband und Innenillustrationen: Peter Nieländer
Reihengestaltung: Karl Müller-Bussdorf
Gesamtherstellung: Westermann Druck Zwickau GmbH
ISBN: 3-401-04801-5

Inhalt

Es gibt große Häfen und kleine Häfen

Es ist Mittwoch,
der erste Schultag
nach den Sommerferien.
Alle rennen und schreien
wie wild durcheinander.
Da kommt Frau Lustig rein.
Frau Lustig ist die Klassenlehrerin.
»Na, wie war es in den Ferien?«,
fragt sie.
»Spitze!«, schreit Fabian.
»Super!«, schreit Bastian.
»SuperSpitzeExtraklasse!«,
schreit Robert.

Frau Lustig lacht.
»Also dann erzählt mal,
wo ihr wart.
Aber schön der Reihe nach:
Fabian, du fängst an!«

»Wir waren in
einem echten Fischerdorf«,
erzählt Fabian.
»Mit einem echten Hafen
und mit echten Fischkuttern.«
»Haha«, ruft Robert,
»dann war es ja
gar kein echter Hafen!«

»War es wohl«,
sagt Fabian.
»War es nicht!«,
ruft Robert wieder.
»Und warum nicht?«,
fragt Frau Lustig.

»Weil es in einem echten Hafen
gar keine Fischkutter gibt«,
ruft Robert sofort.
»Keinen einzigen.
In einem echten Hafen
gibt es nur Öltanker
und Fährschiffe und Frachter
und manchmal alte Segelschiffe
und Seenotrettungskreuzer und...«
»Halt, halt!«, ruft Frau Lustig.
»Nicht so schnell.
Ihr habt beide Recht,
es gibt nämlich ganz verschiedene Häfen.«

»Große Häfen und kleine Häfen!«,
ruft Friederike.
»Und U-Boot-Häfen!«,
ruft Sebastian.
»Und Tretboot-Häfen!«,
ruft Charlotte.
»Vielleicht überlegen wir
einfach mal,
was alles zu einem Hafen
dazugehört«,
schlägt Frau Lustig vor.
»Also zum Beispiel…«
»Schiffe!«, schreit Robert sofort.
Und schon rufen wieder
alle durcheinander:
»Ein Anleger!«
»Kisten und Kräne und…«
»Matrosen!«
»Möwen!«
»Ein Laden für Schwimmwesten!«
»Fischernetze!«, ruft Fabian.
»Mann, eben nicht!«,
schreit Robert aufgeregt.

10

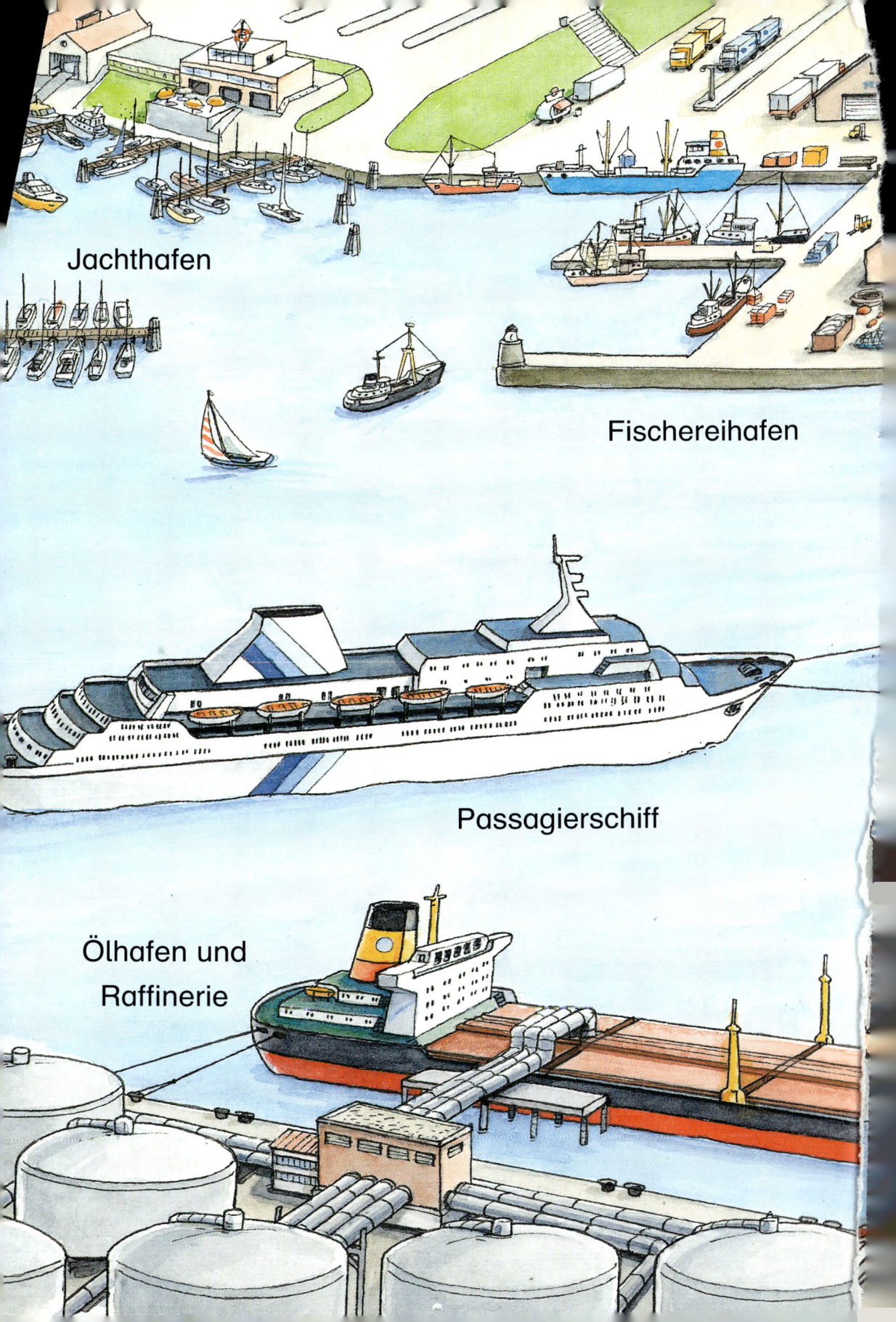

Jachthafen

Fischereihafen

Passagierschiff

Ölhafen und
Raffinerie

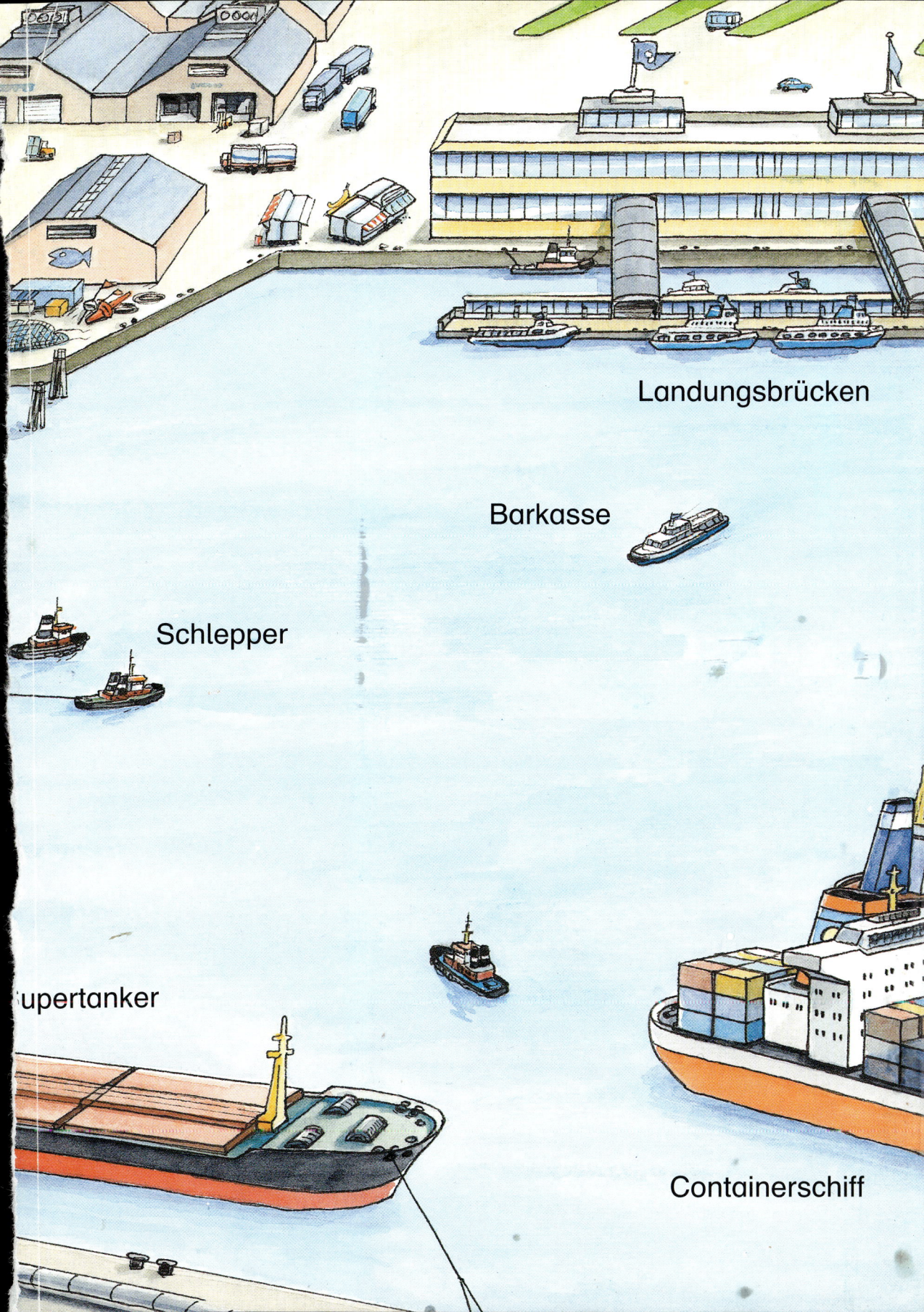

Landungsbrücken

Barkasse

Schlepper

Supertanker

Containerschiff

Und dann geht es los.
Robert und Fabian stehen ganz vorn,
am Bug der Barkasse.
»Da, guck mal da!«,
ruft Fabian.
»Da ist ja doch ein Fischkutter…!«
»Mann«, meint Robert,
»ich hoffe nur,
wir sind auch wirklich
in einem richtigen Hafen…«

Zwei Wochen später
steht die ganze Klasse
auf einem Anleger.
In einem Hafen.
In einem SEHR großen Hafen.
Vor ihnen tuckert leise eine Hafenbarkasse.
Das ist das Boot,
mit dem sie jetzt gleich
eine Hafenrundfahrt
machen werden.
Aber zuerst müssen sich alle
eine Schwimmweste überziehen.
Auch Frau Lustig.

»Aber dafür Ratten!
In jedem Hafen gibt es Ratten!«
»Und Seehunde!«,
ruft Friederike.
Da sagt Frau Lustig lachend:
»Ich glaube fast, ich weiß, wohin
wir unseren nächsten Ausflug machen…«

Rotterdam, New York und Hamburg

Es gibt große Häfen und kleine Häfen.
Und natürlich gibt es
ganz verschiedene Häfen.

Der größte Hafen der Erde
ist Rotterdam in Holland.
Hier werden weltweit
die meisten Waren umgeschlagen,
also von Schiffen auf Laster
und Eisenbahnen geladen
und umgekehrt.
Rotterdam ist also vor allem
ein Frachthafen.

Auch Öl wird in Rotterdam
»angelandet«, das heißt
von Tankschiffen in Tankanlagen
oder Tankwagen gepumpt.
Das Öl kommt meistens
aus Saudi-Arabien,
aus Ölhäfen wie Fos oder Kharg,
von denen bei uns kaum jemand gehört hat.
Und doch sind diese Häfen
viel größer als zum Beispiel
der Hafen von New York!
Früher, bevor es Flugzeuge gab,
war New York übrigens mal
der größte Passagierhafen der Welt –
viele Auswanderer aus Europa
kamen über New York nach Amerika.
Aber auch heute noch ist New York
einer der größten Häfen der USA.

Einer der wichtigsten Fährhäfen
in Europa ist Travemünde an der Ostsee.
Von hier aus fahren
die großen Fährschiffe
nach Skandinavien, nach Polen
und nach Russland.

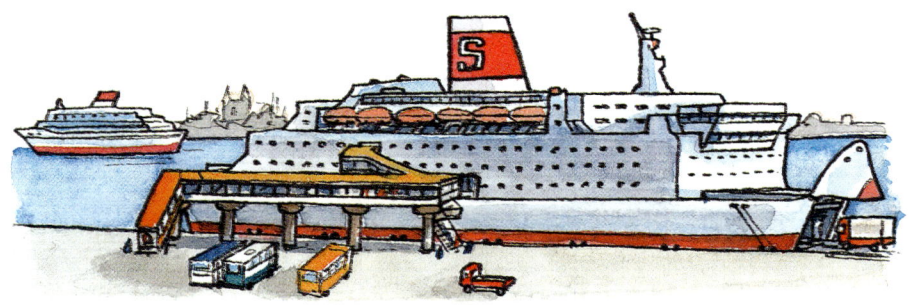

Auch zwischen dem Kontinent
und England fahren viele Fähren.
Zwischen Calais und Dover
fährt jede Stunde
mindestens eine Fähre –
rund um die Uhr, Tag und Nacht!

Der größte deutsche Hafen ist Hamburg.
Auch in Hamburg fahren jede Menge
Fähr- und Passagierschiffe los.
Der Hamburger Hafen hat aber auch
große Container-Anlagen und Lagerhäuser.
Hier kommen Waren aus aller Welt an
oder gehen von hier in alle Welt.
Es gibt Kühlschuppen für Bananen,
Butter, Käse und Steaks,
Lagerplätze für Kohle und Erz,
für Tee und Kaffee,
Teppiche und Tabak,
Holz, Pappe und Papier.

Außerdem gibt es in Hamburg
tatsächlich auch noch einen Fischereihafen.
Mit richtigen Fischkuttern.

Und im Museumshafen von Hamburg
kann man große alte Segelschiffe sehen.
Auch uralte Dampfschiffe
und sogar einen echten Eisbrecher!

Ein Stück weiter ist der Jachthafen.
Hier liegen die weißen Segelboote
und die Motorjachten.
Überall an den Küsten
und auf den meisten Inseln
gibt es solche Jachthäfen.
Manchmal liegen die Segelboote
auch mitten zwischen ein paar Fischkuttern.
Und manchmal gibt es
noch nicht mal ein Hafenbecken,
sondern nur einen hölzernen Steg!

24

Lotse an Bord!

Vor vielen Hafeneinfahrten
gibt es Inseln und Sandbänke,
schroffe Felsklippen
oder gefährliche Strömungen.
Andere Häfen liegen geschützt
in einer Meeresbucht
oder in einer Flussmündung.
Wieder andere Häfen
wurden künstlich angelegt,
indem man lange Molen
wie Mauern ins Meer gebaut hat.

Natürlich kann kein Kapitän
alle Häfen dieser Welt
ganz genau kennen.
Deshalb begleitet ein Lotse
das Schiff in den Hafen.
Der Lotse kennt alle Gefahren
und kann jedes Schiff
sicher durchs Fahrwasser bringen.
Der Lotse wird mit dem Lotsenboot
zum Schiff gebracht. 
Wenn er dann an Bord ist,
hat er bis zum Anlegen
das Kommando über das Schiff.

Das Fahrwasser,
also die »Straße« für die Schiffe,
wird durch rote und grüne Tonnen
gekennzeichnet.
Und am Ufer stehen Baken,
das sind Verkehrsschilder für Schiffe.
Auch Radarstationen
und Funkverbindungen helfen
dem Lotsen, das Schiff sicher
in und aus dem Hafen zu bringen.

Große Schiffe können
in einem engen Hafen nicht manövrieren.
Deshalb müssen Schlepper das Schiff
an den vorgesehenen Liegeplatz bringen.
Schlepper sind kleine,
kräftige Schiffe.

Sie können nicht nur geradeaus,
sondern auch seitwärts fahren
und auf der Stelle drehen.
Dicke Stahltrossen und Schleppleinen
werden zum Schleppen
und Bugsieren verwendet.
Und mit weiteren schweren Trossen
werden die Schiffe
dann am Kai vertäut,
das heißt festgemacht.
Wenn der Lotse von Bord geht,
sind die Ladeluken bereits geöffnet
und das Schiff wird entladen…

Container sind große Blechkisten

Für jede Stunde,
die ein Schiff im Hafen liegt,
muss die Reederei
eine Liegegebühr bezahlen.
Eine Reederei ist eine Firma,
der Schiffe gehören.
Und die Liegegebühr
ist eine Art Parkgebühr für Schiffe.
Klar, dass eine Reederei
möglichst wenig Liegegebühren
bezahlen möchte.
Deshalb werden Kisten,
Kartons, Säcke und Fässer
zunächst auf Holzplatten gestapelt.

Diese Holzplatten oder Paletten
werden dann mit großen Kränen
im Bauch des Schiffes versenkt.
So geht das Beladen natürlich schneller,
als wenn man jede Kiste und jeden Kasten
einzeln an Bord bringen würde.

Am schnellsten jedoch
lassen sich solche Stückgüter verladen,
wenn man sie vorher
in Container verpackt.
Container ist der englische Name
für große Blechkisten.

Ein Container ist immer 2,43 Meter breit
und 2,43 Meter hoch,
nur die Länge ist unterschiedlich:
Es gibt 6 Meter lange Container
und 12 Meter lange.
Und es gibt natürlich blaue, rote,
gelbe und grüne Container.
Aber auf jedem Container steht,
wo er herkommt, wem er gehört
und wie schwer er ist.
Die Container werden mit Lastern
oder mit der Eisenbahn
in den Hafen gefahren und
auf einem Lagerplatz abgestellt.

Der genaue Lagerplatz des Containers
und der Bestimmungshafen
(also der Hafen, an den der Container
gebracht werden soll)
werden im Computer gespeichert.
Wenn dann das nächste Mal
ein Containerschiff nach New York
im Hafen liegt,
werden alle Container für New York
mit einem Spezialfahrzeug geholt
und unter der Verladebrücke abgestellt.
Die Verladebrücke ist
eine Art riesiger Kran.

Der Kranführer (oder Brückenfahrer)
muss genau aufpassen,
um die Container im Laderaum
oder an Deck des Schiffes
so zu stapeln,
dass sie nicht rutschen können
und dass möglichst viele Container
auf das Schiff passen.
Und dass nicht die Container,
die zuerst ausgeladen werden müssen,
ganz unten stehen.
Wie und wo die Container
genau gestapelt werden,
ist vorher mit einem Computer
»ausgerechnet« worden.
Ein großes Containerschiff
kann bis zu 4.400 Container laden!

Allerdings gibt es viele Seeleute,
die es gar nicht witzig finden,
immer nur mit Containern
hin und her zu fahren.
Sie sagen, es macht einfach keinen Spaß,
die ganze Zeit einen Haufen Blechkisten
vor sich zu haben,
ohne dass sie SEHEN können,
WAS sie da transportieren…

Früher war alles anders

Auch im Hafen war früher natürlich
alles mal wieder ganz anders.
In langer Reihe schleppten
die Hafenarbeiter auf ihren Rücken
die schweren Säcke
mit Kakao- und Kaffeebohnen,
Fässer mit Rum und Whiskey,
Stoffballen und Bananenbündel.
Das war eine schwere
und schlecht bezahlte Arbeit.

Wenn zum Beispiel ein Frachter
mit Weizenkörnern im Hafen festmachte,
dann brauchten die Hafenarbeiter
eine ganze Woche,
um das Getreide in Körbe zu füllen
und in die Lagerschuppen zu tragen!

Heute wird diese Arbeit
von Getreidehebern,
die aussehen wie Planierraupen
und funktionieren wie riesige Staubsauger,
in wenigen Stunden verrichtet.
Früher hatten die Matrosen
dann auch genug Zeit,
um bei Bier und Rum und schönen Mädchen
die lange Einsamkeit auf See
für ein paar Tage zu vergessen.
Heute vergnügen sich in den Hafenkneipen
eher die Touristen.
Und deshalb wird auch kaum noch
Seemannsgarn gesponnen –
das waren die Lügengeschichten,
die die Matrosen einander
von ihren Reisen erzählten.
Schade eigentlich.

Die Speicherstadt

In den großen alten Häfen
gibt es trotz aller Veränderungen
immer noch die »Speicherstädte«
mit ihren hohen Lagerhäusern.
Zwischen den Lagerhäusern
verlaufen Kanäle.
Auf der einen Seite der Häuser
stehen die Lastwagen
oder die Eisenbahnwaggons.
Auf der anderen Seite
legen die Lastkähne an.

Die Lastkähne bringen
die Waren von den Schiffen.
Jede Etage eines Lagerhauses
hat große Luken.
Dahinter verbergen sich die Lagerhallen.
Im Dachgeschoss ist eine Winde.
Mit der Winde werden die Waren
hochgehievt und in den Lagerraum
hineingezogen.
Die Lagerhallen haben dicke Wände
und Holzfußböden.
Das ist ideal für empfindliche
und verderbliche Waren.

In den Hallen lagern
besonders wertvolle Waren:
Tabakballen aus dem Orient,
Tee aus Indien oder Indonesien,
Kaffee aus Kolumbien,
Kakaobohnen aus Ghana,
Teppiche, teure Felle und Seidenstoffe.
Hier riecht es auch noch so
wie früher im ganzen Hafen,
wie auf einem orientalischen Markt.
Die Aufsicht über die kostbaren Waren
haben die Quartiersleute,
das sind die Lagerhausverwalter.
Die müssen übrigens auch darauf achten,
dass die Kakao- und Kaffeebohnen
nicht anfangen zu schimmeln!

Blinde Passagiere, Schauermänner und Wetterfrösche

In einem großen Hafen
wird Tag und Nacht gearbeitet.
Es gibt jede Menge zu tun
und natürlich gibt es auch
die unterschiedlichsten Berufe.
Die Decksleute, Maschinisten,
Steuermänner und Kapitäne,
die Seeleute also,
gehören auf die Schiffe,
genauso die Lotsen.
Dann gibt es natürlich die »Schauermänner«,
die Hafenarbeiter,
die ein Schiff be- oder entladen.

Dazu kommen noch die Kranführer,
die Transportarbeiter und die Werftarbeiter,
die Arbeiter in den Schiffswerkstätten,
außerdem die Quartiersleute
in den Lagerhäusern.

Die Schiffsmakler kümmern sich
um Liegegebühren, Zoll, Post,
Schiffsreparaturen und vieles mehr.
Sie helfen also einem fremden Schiff,
die richtigen Leute zu finden
für alles, was in einem Hafen
erledigt werden muss.

Die »Waterclerks« sind Verkäufer.
In ihren Läden wird alles verkauft,
was man auf einem Schiff vielleicht braucht,
von der Nähnadel bis zum Anker,
und natürlich auch Matrosenmützen,
Proviant, Schnaps und Zigaretten.

Die Hafenpolizisten gehören
zur Wasserschutzpolizei.
Sie regeln den Verkehr im Hafen –
und manchmal finden sie auch
einen »blinden Passagier«.
Blinde Passagiere versuchen, unbemerkt
auf einem Schiff mitzufahren.
Nicht weil sie die Reisekosten
sparen wollen,
sondern weil sie aus ihrer Heimat
vor einer Hungersnot oder vor einem Krieg
in ein anderes Land
zu fliehen versuchen.

Die Hafenpolizisten haben
blaue Polizeiboote.

Die Zollbeamten haben grüne Boote.
Sie kontrollieren die Schiffe
nach Schmuggelgut.
Für alle Waren,
die in Deutschland bleiben sollen,
muss nämlich Zoll bezahlt werden.
Die Feuerlöschboote
der Hafenfeuerwehr sind rot.
Die Hafenfeuerwehr ist wichtig,
weil die Schiffe und Lagerhallen
so dicht beieinander liegen.
Brände könnten sich daher
sehr schnell ausdehnen.

Der »Chef« eines Hafens
ist der Hafenkapitän oder Hafenmeister.
Er ist zum Beispiel zuständig
für die Vergabe der Liegeplätze.
Für die Kapitäne der Schiffe aber
sind die »Wetterfrösche«
fast noch wichtiger.
Das sind die Mitarbeiter
des Seewetteramtes.
Die sagen den Kapitänen nämlich,
welches Wetter wohl
auf welcher Route zu erwarten ist.

Die Werft

In einer Werft werden Schiffe gebaut
oder repariert.
Zur Reparatur kommt ein Schiff ins Dock.
Es gibt Schwimmdocks und Trockendocks.
Ein Schwimmdock ist eine Art
großer, schwimmender Kasten,
in den das Schiff hineinfährt
und aus dem dann
das Wasser abgepumpt wird.
Ein Trockendock erinnert eher
an eine Schleuse
und funktioniert auch so ähnlich.
Bei beiden aber liegt das Schiff
schließlich völlig auf dem Trockenen,
sodass auch an der Unterwasserseite
gearbeitet werden kann.

Für ein neues Schiff müssen zunächst
die Schiffsbau-Ingenieure
ihre Pläne zeichnen.
Techniker, Handwerker, Schweißer,
Schreiner und Zimmerleute
bauen das Schiff dann zusammen.
Ein neues Schiff wird
auf einer Helling gebaut.
Das ist eine leicht schräge Plattform,
von der das fertige Schiff dann
wie auf einer Rutsche
ins Wasser geschoben werden kann:
»vom Stapel läuft«,
wie die Seeleute dazu sagen.

Sobald ein Schiff gebaut wird
oder zur Reparatur »eingedockt« ist,
wird nach Plan gearbeitet.
Das heißt, alles muss so schnell
wie möglich erledigt werden.
Dockplätze sind nämlich begehrt und teuer.
Tag und Nacht wird also
geschweißt, gestrichen, geschraubt
gehämmert und gesägt –
und das Ganze ist ein Höllenspektakel!

Ein Ozeandampfer für zu Hause

Für einen echten Ozeandampfer
brauchst du ein quadratisches Stück Papier.
Am besten nimmst du
einen Bogen Packpapier,
den du auf ca. 40 x 40 cm zuschneidest.
Dann faltest du das Papier so,
wie es die Zeichnungen zeigen.

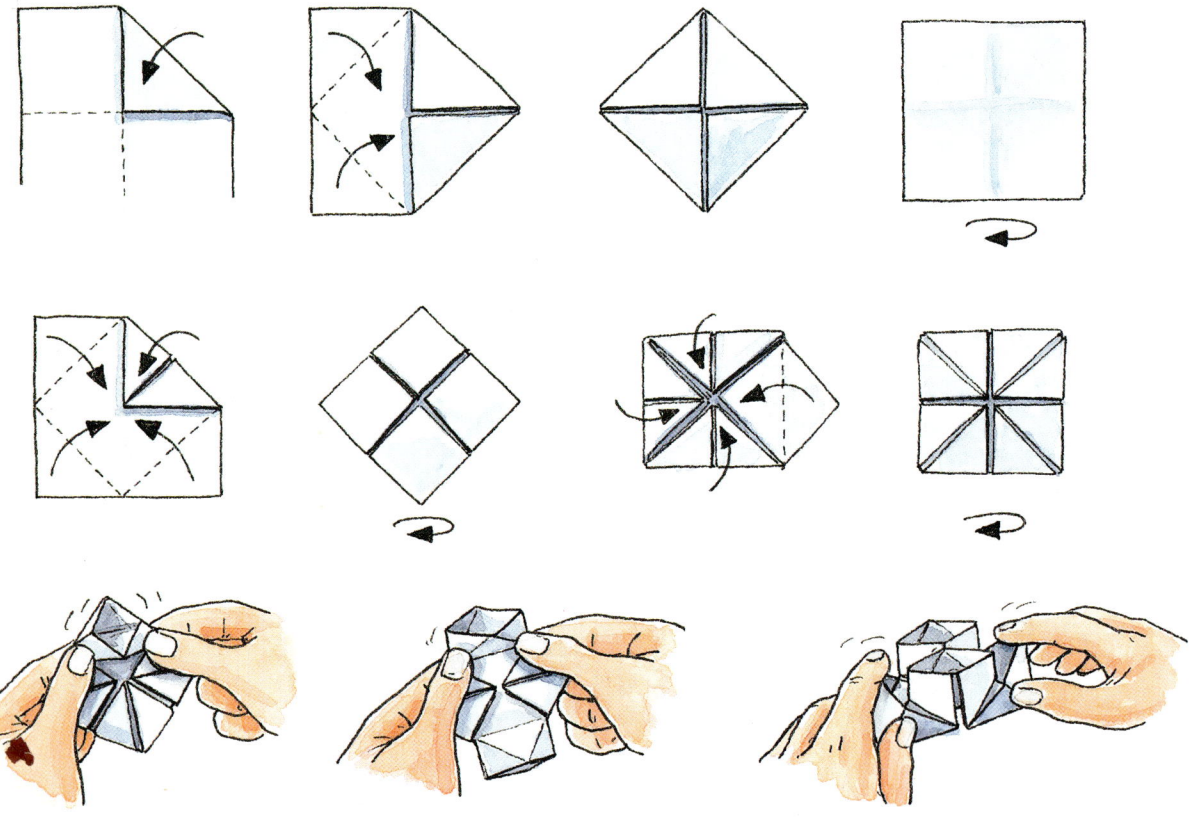